Quater

EXPERT EN ÉVOLUTION PROFESSIONNELLE

Bilan de compétences - Les cahiers de la méthode Quater®

La méthode Quater® comprend 6 étapes. Chacune est illustrée par un cahier qui contient des informations et des questionnaires (ou "mini tests"), ainsi que des références ou des liens vers d'autres sources d'information.

Les 6 étapes

Étape 1 :
Changements

Étape 2 :
Sens & valeurs

Étape 3 : Besoins &
Type de personnalité

Étape 4 :
Analyse des possibles

Étape 5 : Ressources,
Aptitudes et compétences

Étape 6 : Détermination
d'objectifs & plan d'action

Quater

EXPERT EN ÉVOLUTION PROFESSIONNELLE

« *Tout le monde a du talent.*
Ce qui est plus rare, c'est d'avoir la ressource de
développer ce talent. »

Erica Jong

LA TEMPERATURE RESSENTIE

Avant chaque entretien, nous vous proposons de faire un point sur la façon dont vous vivez votre démarche de bilan de compétences. Il peut s'agir des supports de la méthode ou de la qualité de l'accompagnement par votre consultant. Ces deux éléments doivent vous permettre d'avoir une prestation personnalisée et qui répond au plus près de vos attentes. Nous vous proposons donc de commencer chaque étape par les deux mêmes tableaux : le premier pour évaluer votre situation personnelle et le second pour la qualité de la prestation.

Ces tableaux ludiques permettent d'affiner l'accompagnement réalisé par votre consultant et de tirer le meilleur des supports de la méthode.

1 - Votre situation personnelle :

Dans le tableau de la page suivante, notez ces différents éléments de 0, au centre, à 10, le plus à l'extérieur :

Sérénité :
De 0 si vous êtes constamment assailli d'émotions négatives (peur, angoisse, anxiété, culpabilité), à 10 si vous en êtes totalement libéré avec une grande confiance en soi.

Santé :
De 0 si vous êtes en incapacité de travail, à 10 si vous n'avez aucun souci de santé et êtes débordant d'énergie.

Relations interpersonnelles harmonieuses :
De 0 si vos relations sont toxiques ou si vous n'avez personne avec qui échanger, à 10 si vous trouvez facilement des amis avec lesquels vous pouvez rire de bon cœur.

Indépendance financière :
De 0 si vous êtes constamment obligé de compter l'argent qui vous manque, à 10 si vous avez toute latitude pour vous concentrer sur d'autres sujets.

Buts et objectifs :
De 0 si vous n'avez aucune idée de ce que vous allez faire demain, à 10 si vous avez des buts et des objectifs définis qui convergent vers un projet à réaliser en cohérence avec vos principes et de vos valeurs.

Connaissance de soi :
De 0 si vous n'avez aucune conscience de ce qui motive vos actions à 10 si vous pouvez vous juger avec courage, lucidité et intégrité et comprendre pourquoi vous faites ce que vous faites.

En reliant les points, vous obtenez un graphique « radar » ou « toile d'araignée ».

Votre radar de développement personnel

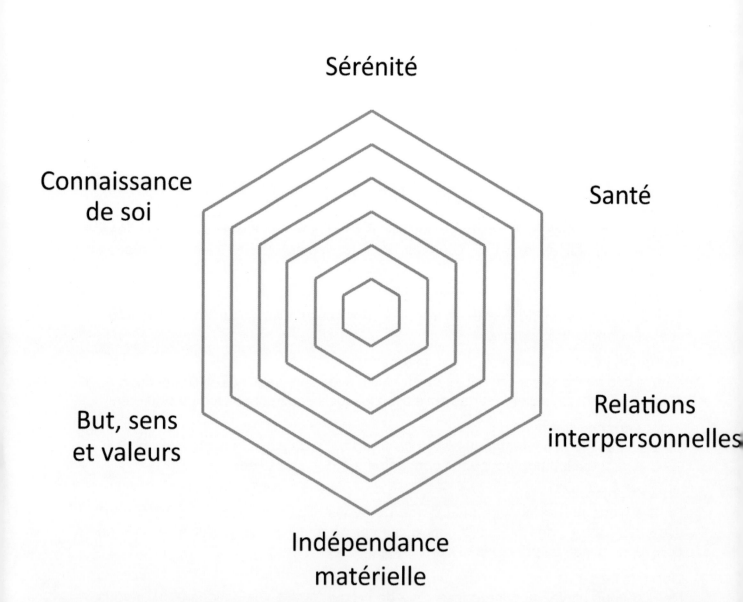

Sérénité

Connaissance de soi

Santé

But, sens et valeurs

Relations interpersonnelles

Indépendance matérielle

2 - La qualité de la prestation

Entourez le symbole qui correspond le mieux à votre ressenti.

LA PRESTATION CORRESPOND PARFAITEMENT À VOS ATTENTES

LA PRESTATION CORRESPOND PRESQUE TOTALEMENT À VOS ATTENTES

LA PRESTATION NE CORRESPOND PAS TOUT À FAIT À VOS ATTENTES

LA PRESTATION NE CORRESPOND PAS DU TOUT À VOS ATTENTES

Vous n'osez pas en parler avec votre consultant, vous souhaitez proposer une amélioration au responsable du centre, ou laisser un avis :
info@orientation-nice.group

RESSOURCES, APTITUDES ET COMPETENCES.

SOMMAIRE

POINT D'ÉTAPE

Nous voilà rendu au point 5 de la méthode qui en compte 6. Lors des 3 premiers entretiens, nous nous sommes intéressés à vos aspirations. L'entretien 4 était l'occasion de reprendre contact avec la réalité en faisant un point sur les contraintes et les opportunités de votre environnement. Notre sujet à cette étape 5 est de faire un inventaire de tout ce dont vous disposez pour passer à l'action. Pour le dire simplement, nous nous sommes permis de rêver, voyons maintenant dans quelles mesures les rêves sont réalisables.

Dans les deux cas, nous essayons de prendre du recul, ou de « ratisser large ». Nous vous invitons à faire cet inventaire de vos ressources sans présumer de leur pertinence ou de leur utilité, dans la perspective d'un projet : la connexion se fera d'elle-même. La question de la définition du projet sera traitée au point 6.

Une partie de poker

« Le poker n'est pas un jeu » Si vous vous asseyez à une table de poker, vous devez savoir pourquoi : vous voulez vous distraire ? prendre un verre dans cette atmosphère glamour des casinos ? vous voulez apprendre ? vous voulez gagner ?.

Une fois au clair avec votre objectif, vous découvrez vos cartes. Quelle que soit la donne, vous découvrez que vous pouvez toujours suivre votre objectif.

Si c'est en découvrant que vous n'avez pas de bonnes cartes que vous décidez de profiter de l'ambiance, de la compagnie, des rafraichissements, vous avez raté quelque chose. Parce que l'intérêt du poker, c'est qu'on peut gagner même avec une mauvaise donne. Une partie de poker, ou plutôt, une soirée à une table de poker, c'est l'endroit parfait pour passer du « est-ce que je peux gagner ? » à « comment je peux gagner ? ».

Vous savez à ce stade si vous êtes plutôt bon pour bluffer, pour repérer le bluff des autres, pour compter les cartes et calculer les probabilités ... Le point 4 du bilan c'était : à quelle table je suis assis ? Est-ce que j'y reste ou pas ? Maintenant la question serait : combien de jetons je peux acheter, et comment je peux les jouer au mieux ?

« Les mots, c'est ce qu'il y a de mieux pour faire croire qu'on a des idées »

Goethe (Méphistophélès dans Faust)

LEXIQUE (VOCABULAIRE)

RESSOURCES

On appellera **« ressource »**, tout ce qui peut contribuer à la mise en œuvre efficace d'une solution.

Ce qui est, par nature ou par consensus social, utile au traitement d'une situation, n'est pas pour autant une **ressource**. Cela ne le devient que lorsque la **personne** le perçoit comme tel.

Pour plus de facilité, nous distinguons arbitrairement entre 3 types de ressources :
- Les ressources matérielles,
- Les soutiens que vous pouvez obtenir de la part des personnes de votre entourage,
- Les ressources immatérielles qui peuvent potentiellement attirer des concours extérieurs.

  Dans ce derniers cas, nous pouvons distinguer entre ce qui demande une action délibérée et soutenue : votre potentiel culturel ; et ce qui se perçoit au premier regard : votre potentiel de notoriété.

« Le pouvoir et la richesse de chaque individu ne se limitent pas à ses ressources matérielles et à ses moyens de production. Chacun est avant tout riche de sa santé, de son savoir, des relations qu'il entretient avec les autres. »

Jacques Attali

On peut distinguer 4 types de ressources ou de capital :

• **Économique** (ou matériel) : il s'agit des ressources financières (personnelles ou qu'elle peut obtenir d'un tiers) et que la personne peut et accepte de mobiliser pour réaliser son projet. Une personne pourra ainsi investir une somme d'argent pour prendre en charge tout ou partie de sa formation dans le cadre d'une reconversion professionnelle par exemple.

• **Social** (ou relationnel) : il s'agit des relations, contacts, connaissances directes ou indirectes que la personne est en mesure de mobiliser afin de réaliser son projet. Une personne pourra ainsi demander à un ami d'être mise en relation avec un potentiel recruteur ou encore une lettre de recommandation à son député.

• **Culturel** : il s'agit des connaissances, explicites et implicites, que la personne peut mobiliser pour réaliser son projet. La connaissance d'un domaine professionnel et de ses codes peut favoriser le développement de sa carrière dans ce domaine. Pour réussir dans la mode, mieux vaut connaître le langage parlé dans le monde de la mode !

• **Symbolique** (ou de prestige) : il s'agit de notre rayonnement personnel tiré du rayonnement de ce que nous faisons. Par exemple, le fait d'avoir travaillé dans une grande entreprise nous donnera une belle carte de visite pour créer notre propre entreprise. Avoir exercé dans le domaine médical suscitera la curiosité et l'admiration, créatrices de contacts et donc d'opportunités.

APTITUDES

Dispositions naturelles ou acquises de quelqu'un à faire quelque chose.
(il existe un autre sens plus administratif : « état de quelqu'un que la loi considère comme qualifié pour jouer un rôle ou exécuter un acte »).

En pratique, on peut parler d'aptitude à chaque fois qu'on fait le job. C'est le mot le plus large qui engloberait tous les autres et qui se vérifie après coup. Si on veut prédire le résultat, on va recourir à des « tests d'aptitudes ». Peut-être que votre consultant vous en aura proposé et fait passer.
Les plus courant aujourd'hui sont les tests de langues : vous passez un examen et vous avez une note qui permet de vous situer par rapport au reste de la population

Niveau CECRL	Classement
Utilisateur élémentaire (niveau intermédiaire ou usuel)	A2
Utilisateur indépendant (niveau seuil)	B1
Utilisateur indépendant (niveau avancé ou indépendant)	B2
Utilisateur expérimenté (niveau autonome)	C1

On peut aussi évaluer vos aptitudes en compréhension verbale et raisonnement logique : c'est ce qui s'appelle un test de QI. Les tests de QI ont une longue histoire, étroitement liée à notre système éducatif (aux systèmes des pays occidentaux) : compréhension verbale et raisonnement logique sont les deux seules formes d'intelligence considérées (et notées) à l'école. Il en existe beaucoup plus, et, si elles font l'objet d'une attention par les enseignants, elles servent peu lorsqu'il s'agit obtenir un diplôme.

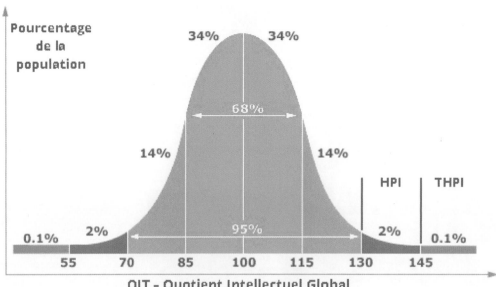

Pour Georges DAO lorsqu'il dirigeait Cari, une entreprise de 2000 salariés du bâtiment, avec des tensions permanentes sur le marché du travail, la solution était simple : « le recrutement se fait au dernier jour de la période d'essai ! » Deux semaines sur le terrain, c'est ça, un bon test d'aptitude.

Ce qu'il faut retenir, c'est que les aptitudes sont malléables : on peut les acquérir, les développer et les perdre. Les tests d'aptitude permettent d'évaluer, avec plus ou moins de précision, ce dont vous êtes capable ici et maintenant. Ils sont utiles aux recruteurs qui veulent, d'une part, se justifier de la sélection qu'ils opèrent, d'autre part avoir une idée de ce dont vous êtes capable à l'instant.

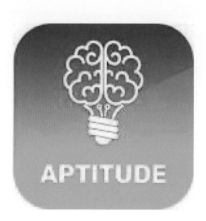

Centre de « bilans jeunes »

Dans les années 90, un chargé de mission de la ville de Cannes et un psychologue du travail en mission pour l'AFPA, ont décidé de faire une expérience dans le cadre du centre de « bilans jeunes », mis en place dans la foulée des dispositifs d'insertion du gouvernement de l'époque. Des jeunes sortis du système scolaire sans qualification se voyaient proposer des stages dont le principal attrait était la rémunération associée. Bien sûr, les responsables de ces actions de formation avaient à cœur de leur apporter quelque chose, dont une « remise à niveau » en français et en maths.

Pour former des classes homogènes, et aussi pour satisfaire une certaine curiosité sur l'apport de la formation, les jeunes passaient des tests de QI, à l'entrée en stage et à la sortie. C'était du ressort du « centre de bilans jeunes ».

Comme le QI mesure spécialement la réussite à l'école, les jeunes en échec avaient un QI moyen, dans le meilleur des cas, et souvent un QI assez bas pour être étiquetés débiles.

Les deux complices avaient décidé que tous les dossiers qui passeraient dans leurs mains auraient un score officiel de 20 points supérieur au résultat du test. Ces jeunes partaient en stage avec l'idée qu'ils étaient dans la moyenne ou même au dessus. Et 3 mois plus tard, ils quittaient le stage avec un score au test très proche de celui qui avait été prédit. Leur aptitude intellectuelle (au sens académique) avait augmenté de 20% en 3 mois.

Le hic, c'est que ces stagiaires brillants avaient parfois un score en sortie, inférieur de quelques points au score d'entrée (ils n'avaient « gagné » « que » « 17 points » par exemple). Du coup une enquête a eu lieu et ces pratiques ont dû cesser.

ATTITUDE

L'**attitude** est l'« état d'esprit » d'un sujet ou d'un groupe vis-à-vis d'un objet, d'une action, d'un autre individu ou groupe. C'est une prédisposition mentale à agir de telle ou telle façon. L'attitude s'apparente à un savoir-être.

Il faut bien différencier **attitude et comportement** : l'**attitude** n'**est** pas directement observable, alors que le **comportement est** un acte observable. Toutefois, un individu peut exprimer verbalement son **attitude**, et aussi dans une communication non verbale. On rejoint là le sens courant du mot.

Notre environnement ou notre entourage peut affecter notre **attitude** volontairement ou involontairement à travers des pensées et des paroles négatives. Mais en définitive, notre attitude globale face à une situation donnée, est en rapport avec nos attentes par rapport à cette situation.

S'il est rare, en France, de voir une quelconque allusion à l'attitude requise des candidats dans une offre d'emploi, on y fait presque toujours mention dans les pays anglo-saxons. Le plus souvent, il est question d'extraversion.

Sur le fond, il existe une différence biologique mesurable entre le fonctionnement du cerveau d'un extraverti et d'un introverti (cf les types psychologiques de Jung). Mais en surface, il y a bien une attitude extravertie, qui repose sur des attentes positives, a priori, envers tout ce qui vient de l'environnement et l'entourage. L'introverti aura lui une attente négative, a priori, pour ce qui vient du dehors. Les attentes produisant les attitudes, l'extraverti aura, a priori, une meilleure attitude en situation de groupe que l'introverti.

Plus généralement, la relation entre nos attentes et nos attitudes explique une bonne part de l'effet Rosenthal Jackobson (l'expérience des « bilans jeunes »).

C'est là aussi qu'on trouve tout l'intérêt de la « pensée positive » : si vous arrivez à vous persuader que la situation va tourner à votre avantage, votre attitude sera considérablement plus adaptée que si vous l'aborder avec l'idée que ça va mal tourner. Ça s'applique plutôt bien quand vous faites la queue devant un guichet : vos attentes, positives ou négatives, sont rarement déçues. Comme ça peut avoir l'air magique, on voit aussi beaucoup de « glissements » de la « pensée positive » à la « pensée magique ». Mais en pratique, vous n'agissez que sur vos ressources inconscientes et pas sur la matière. Ça suffit déjà à vous rendre souriant et aimable, ou triste et renfrogné. Et dans une relation humaine, 80% du message perçu est non verbal …

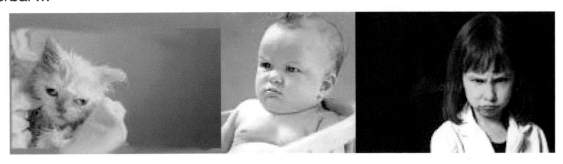

POTENTIEL

Le potentiel fait généralement référence à une capacité non réalisée actuellement. Dans le domaine professionnel, le **potentiel** peut se définir comme la volonté et la possibilité d'une personne de se mettre en évolution ou en projection pour résoudre des problèmes nouveaux et/ou des situations de plus en plus complexes. On voit qu'il s'agit d'aptitudes non encore exercées, et que le potentiel est en lien direct avec la motivation. C'est aussi un synonyme du mot « ressources ».

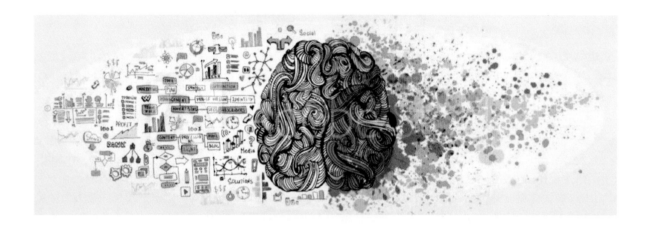

Une entreprise qui vous recrute pour 40 ans de carrière va se poser la question de votre potentiel : jusqu'où pourrez vous aller ? C'est la version optimiste. Combien de temps allez-vous rester au même poste sans ruer dans les brancards ? C'est la version pessimiste.

Qu'une entreprise offre ou non des possibilités d'évolution, la question de savoir combien de temps vous allez faire le job peut être d'une grande importance.

Malheureusement, il est aussi difficile de prévoir ce que vous vaudrez (pour la boite qui vous embauche) dans 10 ans, qu'il est difficile de savoir ce la boite vaudra, pour ses clients, ses salariés et ses actionnaires.

Vouloir faire des prévisions est quelque chose de tout à fait compréhensible. Mais dans ce domaine, c'est difficile, voire impossible : les aptitudes sont malléables, la motivation changeante, et les ressources également.

Personnellement, dans mon métier, j'ai décidé de confondre « potentiel » et « motivation ». Et ça ne marche pas trop mal. Ce n'est pourtant pas facile à faire admettre.

COMPÉTENCE

La compétence est la connaissance approfondie et reconnue qui confère le droit de juger ou décider en certaine matière.

Stricto sensu, une compétence est un savoir-faire, dont la mise en œuvre nécessite une connaissance : par exemple, tailler un silex, c'est un savoir-faire, donc une compétence, mais qui n'existe que dans la mesure où on connaît assez bien les pierres pour pouvoir trouver un bon silex.

Le problème typiquement français (je me base sur l'extraordinaire abondance des définitions, la complexité de certaines et la diversité des sources - dont un très sérieux « dictionnaire interministériel des compétences des métiers ») remonte sans doute à Descartes. On lui doit cette idée révolutionnaire : le rejet des arguments d'autorité, au profit des fruits de son expérience personnelle. C'est cette attitude qui définit le cartésianisme, qui serait un attribut de l'esprit français.

Une conséquence en réaction à notre cartésianisme révolutionnaire, c'est l'obsession des autorités pour le factuel, le rationnel, et la connaissance objective. Comme la formation professionnelle est un chapitre du code du travail, et que l'objectif de la formation est l'acquisition de compétences, il faut une définition objective de la compétence. Ou plutôt, une définition administrative, qui rendrait compte de la réalité. Autant dire que c'est un casse tête.

En réalité, le meilleur critère d'efficacité professionnelle, de satisfaction du travailleur comme de son employeur, c'est la motivation.

La motivation (voir livret 3) est complexe (on pourrait dire « multifactorielle ») et pas vraiment objective (pour ne pas dire totalement subjective).

Concernant les compétences, pour plus de clarté, nous parlerons de savoir, savoir-faire et savoir-être. Et nous nous efforcerons de n'utiliser « compétences » que pour dire « savoir-faire ».

LES SOFT SKILLS

La définition la plus simple d'un soft skill est : « compétence comportementale ». Et si on détaille, on trouve : « terme qui désigne à la fois l'intelligence relationnelle, les capacités de communication, le caractère, les aptitudes interpersonnelles ».
Ce qui reflète la difficulté observée plus haut : chercher des éléments objectifs qui expliquent l'efficacité au travail.

Votre consultant vous a peut-être proposé des tests. Il existe un éditeur de tests particulièrement intéressant qui s'appelle Central-Test et qui propose toute une panoplie de tests chacun très intéressant mais aussi une restitution synthétique appelée « Talent Map ». Une rubrique de cette « Talent Map » est intitulée « compétences », mais c'est bien une liste de « Soft Skills » . Il ne s'agit pas de compétences mais bien d'éléments de motivation et de personnalité.

Central Test est un éditeur Canadien et a peut-être des scrupules avec certains anglicismes.

Voici deux listes des « soft skills » les plus mentionnés en France en 2020 :

Un top 10 : les soft skills hors d'atteinte de l'IA
(notez l'ambiguïté du titre)

Aptitudes ou Soft Skills

On y découvre notamment la liste des 10 aptitudes humaines ou savoirs comportementaux (*soft skills*) indispensables en 2020. Les voici :

1. La résolution de problème complexe

La compétence sous-entendue ici, c'est la capacité à voir des relations entre différentes industries et à inventer des solutions à des problèmes qui peuvent arriver. En démarcation par rapport à l'apprentissage machine.

2. La pensée critique

On pense ici aux personnes qui sont capables de donner des interprétations enrichissantes des données. La machine fait de grand progrès en ce sens, mais l'être humain est encore capable de saisir les notions de nuance et d'ambiguïté.

3. La créativité

La créativité, la capacité à penser hors des sentiers battus et à trouver des solutions innovantes, est plus que jamais nécessaire aujourd'hui.

4. La gestion d'équipe

Si les robots peuvent acquérir des compétences analytiques et mathématiques, ils seraient bien incapables de gérer des humains, ce qui réclame de l'intelligence émotionnelle et comportementale.

5. La coordination

On parle ici de communication et, au final, de toutes les compétences de collaboration au sein d'une équipe.

6. L'intelligence émotionnelle

Ce n'est pas demain que la machine sera dotée de curiosité et d'empathie !

7. Le jugement et la prise de décision

Pour prendre une décision, il faut être capable de synthétiser une somme d'informations diverses et des interprétations sur le passé et le futur. Un processus complexe qui va rester assurément du domaine de l'humain.

8. L'orientation service

Que l'on pourrait aussi traduire par « souci du service client ». C'est-à-dire la considération de l'importance d'apporter de la valeur à ses clients, aussi bien sous la forme de services ou d'assistance.

9. La négociation

L'interaction avec d'autres humains pour aboutir à des solutions gagnantes pour les deux parties est encore un domaine dans lequel l'humain a toute sa place à l'avenir.

10. La flexibilité cognitive

C'est une des compétences qui émergent progressivement. Cette souplesse d'esprit est en fait la capacité à s'adapter en fonction des situations et des interlocuteurs.

Les 16 soft skills les plus cités

RÉSOLUTION DE PROBLÈMES

COMMUNICATION

CONFIANCE

INTELLIGENCE ÉMOTIONNELLE

EMPATHIE

GESTION DU TEMPS

GESTION DU STRESS

CRÉATIVITÉ

ESPRIT D'ENTREPRENDRE

AUDACE

AUTOMOTIVATION

VISION

PRÉSENCE

SENS DU COLLECTIF

CURIOSITÉ

ESPRIT CRITIQUE

L'INVENTAIRE

Les pages qui suivent vont vous aider à mieux connaitre vos ressources, votre potentiel et vos compétences. Si vous avez passé des tests, il vous manquera de toute façon la rubrique « savoir-faire » et dans tous les cas, ce livret vous propose de vous auto-évaluer. Votre propre évaluation, discutée avec votre consultant, sera paradoxalement moins biaisée que des résultats bruts de test.

Surtout, une ressource, une expérience, ou une compétence, n'aura pas la même valeur selon ce que sera votre projet définitif. Donc, plus qu'un inventaire, il s'agit de faire un plan du magasin, pour être prêt à en sortir ce dont vous aurez besoin, quand vous en aurez besoin.

- Les ressources :
    - moyens matériels,
    - relationnel,
    - passion et hobby,
    - prestige.
- Le fruit de vos expériences : les soft skills et vos réalisations.
    - Les tests
    - Les listes
- Les compétences : les savoir-faire du métier.
    - Les listes
    - Les fiches

LES RESSOURCES

Quel que soit votre projet, il prendra la forme d'un objectif à atteindre. Dans la poursuite de nos objectifs, nous distinguons quatre types de ressources, toutes utiles a priori : le capital économique, le capital relationnel, le capital culturel et le capital symbolique.

Ces quatre éléments, nous en héritons une partie de nos parents et de notre famille, le reste nous l'accumulons tout au long de notre vie, au travers de nos expériences, de nos rencontres, de nos succès et de nos échecs. Ces quatre ressources sont comme des provisions de voyages. Il revient à nous de les utiliser de la meilleure façon possible pour réussir notre projet d'évolution professionnelle.

Comme des provisions de voyage, certaines de ces ressources vont diminuer en chemin, certains pourront se recharger et d'autres vont s'augmenter d'elles-mêmes.

« Quand j'étais jeune, je croyais que, dans la vie, l'argent était ce qu'il y a de plus important. Maintenant que je suis vieux, je le sais. »

Oscar Wilde

LES RESSOURCES MATÉRIELLES

Le capital économique correspond à nos ressources financières et patrimoniales. Ce sont des éléments essentiels car ces ressources sont la condition de la réussite d'un certain nombre de projets, création/reprise d'entreprise ou reconversion professionnelle notamment. Elles permettront le cas échéant de solliciter un prêt, pour créer/reprendre une entreprise ou financer une formation. Une évaluation précise de votre capital économique est donc indispensable avant de se lancer dans un projet d'évolution professionnelle et ce, afin d'en évaluer la faisabilité.

Mais plus que le capital économique réel, il convient d'évaluer le capital économique mobilisable, c'est-à-dire la part de patrimoine que vous êtes effectivement prêt à mobiliser pour réaliser votre projet. Certaines personnes sont prêtes à hypothéquer ou à vendre leur résidence principale pour financer un projet de création/reprise d'entreprise, d'autres refuseront d'investir le moindre centime. Chacun fait ses choix. L'expérience montre qu'en réalité, au-delà de son évaluation objective, le capital économique est un élément très subjectif.

VOTRE CAPITAL ÉCONOMIQUE

Patrimoine	OUI	NON
Êtes-vous propriétaire de votre résidence principale ?		
Si oui, avez-vous terminé de rembourser votre crédit ?		
Possédez-vous des placements financiers (livret A, assurances vie, etc.) ?		
Possédez-vous des biens immobiliers (autre que la résidence principale) ?		
Disposez-vous d'un capital spécial pour réussir votre projet ?		
Salaires et rémunérations	**OUI**	**NON**
Cotisez-vous à l'Assurance chômage ?		
Êtes-vous actuellement en CDD ou en contrat de mission ?		
Êtes-vous âgé de plus de 50 ans ?		
Travaillez-vous dans un groupe ou une administration de plus de 1000 salariés ?		
Votre structure actuelle cherche-t-elle à réduire ses effectifs ?		
Votre famille et vos proches	**OUI**	**NON**
Votre conjoint a-t-il une situation professionnelle stable ?		
La rémunération de votre conjoint suffit-elle pour payer les charges du foyer ?		
Avez-vous ou aurez-vous à charge les études supérieures de vos enfants ?		
Avez-vous ou aurez-vous à charge la maison de retraite de vos parents ?		
Des proches sont-ils prêts à soutenir financièrement votre projet ?		

VOTRE CAPITAL ÉCONOMIQUE MOBILISABLE

Les choix que vous êtes prêt(e) à faire, si nécessaire pour réaliser votre projet	OUI	NON
Êtes-vous prêt à vendre votre résidence principale ?		
Êtes-vous prêt à mobiliser des placements financiers ?		
Êtes-vous prêt à mobiliser des placements immobiliers ?		
Avez-vous déjà placé en réserve de l'argent pour la réussite de votre projet ?		
Êtes-vous prêt à accepter une baisse de votre rémunération ?		
Êtes-vous prêt à réaliser une rupture conventionnelle ?		
Êtes-vous prêt(e) à négocier votre départ ?		
Si vous êtes en couple, votre conjoint est-il prêt à assumer les charges du foyer ?		

LE CAPITAL RELATIONNEL

« Rien n'est impossible à l'homme qui n'a pas à le faire lui même. »

Marcel Achard

Dans la poursuite de vos objectifs, vous aurez besoin d'informations, de conseils, de recommandations, de soutien, d'aide et d'appui. Qui peut vous les apporter ?

Si vous êtes naturellement à l'aise avec cette idée, passez directement à la page suivante. Utilisez les tableaux (ou une page blanche), pour lister et mettre en ordre les appuis que vous pouvez trouver.

Vous pouvez avoir une mauvaise opinion sur le fait que des gens présentent certaines personnes à d'autres. On va appeler ça « du piston ». En réalité, c'est un comportement tout à fait naturel et sain : une personne de votre connaissance vous parle de ses affaires et vous connaissez quelqu'un qui peut l'aider : pourquoi ne pas les mettre en relation ?

La recommandation, le « bouche à oreille », est le moyen le plus naturel de répondre à un besoin : quel film aller voir ? Où partir en vacances ? Où trouver un bon dentiste pour arracher une dent ? Pour poser un bridge ? (ce ne sera peut-être pas le même). Surtout, mettre des personnes en relation en pensant qu'on a une influence sur la suite des événements, c'est plutôt prétentieux.

Cher ami,

Vous recevez de ma part le jeune homme porteur de cette carte. Il souhaite un emploi chez vous.

S'il est à la hauteur de ce qu'il prétend, remerciez-moi. Sinon remerciez le.

Votre très dévoué XXX

Exemple de recommandation que donnait un patron de presse parisien dans les années 30

ÉVALUER VOTRE CAPITAL SOCIAL MOBILISABLE

Listez ici neuf personnes que vous connaissez directement ou indirectement et qui pourraient vous aider dans la réussite de votre projet.

Listez ici trois personnes influentes que vous connaissez directement ou indirectement et qui pourraient vous aider dans la réussite de votre projet.

Avez-vous pensé à demander un conseil ou un appui à :

☐ Votre député ou votre maire,

☐ Un représentant de l'État (préfet, directeur de cabinet d'un ministre, etc.)

☐ Le représentant d'une organisation syndicale ou professionnelle (MEDEF, CGPME, CFDT etc.),

☐ Le représentant d'une structure associative, publique ou parapublique,

☐ Un dirigeant d'entreprise.

Quelles actions pourriez-vous réaliser afin de développer votre capital social ?

☐   Prendre rendez-vous avec des professionnels pour une enquête-métier,

☐ Participer à des Afterworks,

☐   Faire un stage dans une entreprise, une association ou une administration,

☐   Vous investir dans une association,

☐   Vous rendre à un salon professionnel,

☐ Parler de votre projet autour de vous, à vos ami(e)s, collègues ou connaissances.

Quelles autres actions pouvez-vous réaliser ?

....

....

....

....

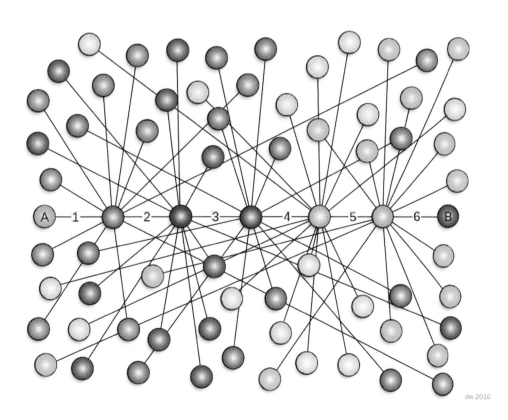

dw 2010

La théorie des 6 poignées de main

Cette théorie, élaborée en 1929 par Frigyes Karinthy, explique que toute personne sur la planète peut être reliée à n'importe quelle autre, au travers d'un enchaînement d'au plus six poignées de mains. Cela veut dire qu'il y a au maximum 5 personnes qui vous séparent du président de la république, ou de la Reine d'Angleterre.

Cette théorie nous montre simplement que ce n'est pas parce nous pensons que « nous n'avons pas de réseau » que nous ne pouvons pas en avoir facilement. Il ne tient qu'à nous de le développer. Contacter une personne, même importante, est souvent beaucoup plus facile qu'il n'y paraît. Même si ça demande un peu de réflexion et de la persévérance, c'est un domaine où les efforts sont souvent contre productifs.

NB : La population mondiale est passé de 2 à 8 milliards d'individus, ce qui justifierait d'une septième poignée de main.

Gibert veut travailler chez IBM

Gilbert, jeune technicien en électronique voulait travailler chez IBM. L'idée lui était venue en lisant une offre d'emploi : d'une part, il avait le profil, d'autre part, les conditions de travail lui paraissaient très avantageuses. Gilbert a donc répondu à l'annonce. Plusieurs fois. Sa candidature n'avait pas de réponse, mais l'annonce réapparaissait régulièrement. Après quelques vaines tentatives, il a voulu savoir ce qui se passait. Timide mais curieux, Gilbert a relancé le service RH à propos de sa candidature. Comme la réponse lui a semblé insensée, il en est devenu obsédé jusqu'à en parler très souvent à toutes les personnes qu'il connaissait. Il a eu pas mal d'informations en retour : le nom du responsable des ressources humaines et de son assistant, le service concerné, le nom du responsable opérationnel du service dans lequel le poste était à pourvoir (nous l'appellerons Félix).

En abordant le sujet sans répit, il a découvert qu'un des amis connaissait quelqu'un qui intervenait dans la société de service qui s'occupait de l'entretien des bureaux, qui lui a présenté l'agent d'entretien qui était en charge de la boite. Lequel s'est gentiment proposé de déposer une nuit son CV sur le bureau propre et net de Félix. En découvrant sur son bureau le parfait CV pour le poste à pourvoir depuis des mois, Félix, responsable opérationnel d'un service en sous effectif a immédiatement téléphoné à Gilbert et lui a pris lui-même le rendez-vous avec le service des ressources humaines. Gilbert a passé les tests et a été recruté.

Votre capital relationnel est une ressource précieuse, n'en doutons pas. D'ailleurs, statistiquement, les extravertis ont plus de facilités que les introvertis en terme de carrière et plus de ressources en terme de relations. Surtout, les extravertis hésitent moins à demander ce dont ils ont besoin (statistiquement là encore). Mais soyons clair : connaître des gens vous ouvre des portes, mais une fois la porte ouverte, tout reste à faire.

« La meilleure façon d'attirer les opportunités, c'est déjà d'en être une soi-même ! »

Philippe Gabilliet

Les réseaux sociaux

Avant même les réseaux sociaux, c'est l'internet lui-même qui a révolutionné la notion de « capital relationnel ».

L'utilisation de l'internet facilite l'échange d'information et permet d'étendre son réseau relationnel au delà de ce qui était seulement imaginable il y a 20 ans.

D'où l'importance de se familiariser avec les usages de l'internet. Certes les grandes enseignes du domaine, (facebook, twitter, wechat …) ont intégré des sous réseaux spécialisés par centre d'intérêt, mais dans ce domaine, il y a de nombreuses applications qui permettent de créer des groupes virtuels. Par exemple Discord, qui semblait être destiné aux « gamers », abrite des groupes de discussion très pointus sur certains domaines du droit ou des sciences.

Parmi les incontournables, il y un réseau qui se distingue dans le domaine professionnel : LinkedIn. Même s'il ressemble de plus en plus à Facebook, LinkedIn, à ce jour, reste un cas unique : les gens, sur ce réseau, répondent aux messages qu'on leur adresse … étonnant non !?

Surtout, si vous postez ou commentez des articles que d'autres ont postés, on vous adresse des commentaires, des messages et des invitations. Encore faut-il avoir quelque chose à dire : c'est le sujet du chapitre suivant.

LE CAPITAL CULTUREL

"Il y a des gens qui parlent, qui parlent - jusqu'à ce qu'ils aient enfin trouvé quelque chose à dire."

Sacha Guitry

Parmi les 4 types de ressources, votre capital culturel est peut-être le plus difficile à identifier. Surtout, il faut dépasser le cliché du « gars qui se fait embaucher parce qu'il fait le même sport que le patron ». Quand ça arrive, c'est que le futur recruté et le chef d'entreprise se sont déjà rencontrés, sur le terrain de sport. Le fait de partager la même activité permet d'avoir des échanges plus poussés qu'une simple conversation, et donc de nouer une relation. Au final, le patron embauche un gars qu'il connaît et dont il a pu déjà voir certaines qualités.

Ensuite, il faut dépasser l'idée que n'entre dans le « capital culturel » que des activités valorisantes ou prestigieuses. Le prestige c'est autre chose, et ça entre dans le « capital symbolique ». Et tout est valorisant, si on l'utilise à bon escient.

Diplôme National d'Oenologue : un master ou un must !?
Après plus de 20 ans d'expertise dans mon domaine, le conseil en évolution professionnelle, il arrive encore que ce sujet intéresse moins les personnes que je croise qu'un autre sujet : le vin. Le vin, le raisin, les cépages, les fermentations, les accords cuisines et vins, les cols et les capsules de bouteille, les bouchons et les tire-bouchons, les bouteilles et les verres, les taste-vins ... Même si je n'en fais plus mon métier depuis 30 ans, j'ai gardé de ma formation initiale une bonne connaissance de tout ce qui touche au vin. Et je suis toujours surpris de pouvoir capter l'attention de plus de gens avec ça, plutôt qu'avec la psychologie de la personnalité, ou l'hypnose ericksonienne. Le vin est ancré dans mon capital culturel. Et mon plus vieil ami, quand nous fréquentons les mêmes salons, s'attire encore plus de sympathies, d'attention et de public que moi, en parlant de ... football.
Si vous maitrisez un sujet, c'est bien, si vous êtes passionné, c'est mieux. Votre capital culturel c'est le carburant qui va faire tourner la machine qui entretient votre capital relationnel.

ÉVALUER VOTRE CAPITAL CULTUREL MOBILISABLE

Listez ici les trois domaines dans lesquels vous possédez une connaissance supérieure à la moyenne. Il peut s'agir de domaines professionnels comme le droit, les assurances, la gestion d'entreprise, la communication, la physique des fluides, les statistiques, la pédagogie, les soins médicaux, etc. ou personnels comme le bricolage, le jardinage, la littérature, le tricot, l'équitation, la course à pied, les voyages, la cuisine etc.

Vous devez juste avoir dans ces domaines des connaissances supérieures à la moyenne des autres personnes, ce qui fait de vous un amateur éclairé.

DOMAINE 1	DOMAINE 2	DOMAINE 3

Imaginez en quoi ces connaissances pourraient vous être utiles ?

....
....
....
....
....
....
....
....

Pourraient-elle être utilisées dans une nouvelle activité professionnelle ? Si oui, laquelle ?

....
....
....
....
....
....
....

LE CAPITAL SYMBOLIQUE

Symbole, prestige, notoriété, aura …
Si vous sortez d'une grande école, vous savez déjà ce que cela signifie. Vous avez quelque chose qui va attirer l'attention, susciter l'intérêt, ou peut-être même vous ouvrir des portes.

Si vous comptez sur votre capital symbolique pour attirer l'attention du monde entier, ça va être difficile. Même le Président des Etats Unis d'Amérique n'a jamais eu 100% des utilisateurs de Twitter comme followers. Et Coca Cola a toujours des marges de croissance en termes de notoriété. La question est plutôt de savoir qui peut être sensible au « capital prestige » dont vous disposez.

Philippe et le curling.

Philippe a plusieurs passions : le ski, le jet-ski, le pogo, la musique aborigène et le curling. Il s'est distingué dans une de ces disciplines, dans laquelle son équipe a remporté le championnat de France avant d'arriver en finale du mondial. Son vrai métier, c'est maître de chai pour une maison de Champagne réputée. Dans ce cadre, il a rencontré deux rois du Maroc. La rencontre avec le premier n'a pas été très chaleureuse. Philippe, et sa coupe de champion de curling bien en vue dans son bureau, ont servi de potiche pour agrémenter le décor. Le second, connaissait le curling. La conversation s'est engagée naturellement sur le sport, les sports de glisse et le jet-ski. Philippe n'a rien gagné dans cette affaire, mais la maison de Champagne a eu un temps, le titre de fournisseur officiel de la cour du Maroc.

Un palmarès sportif est un très bon exemple des avantages et des limites du capital prestige. Champion de France, c'est bien en France. Champion de curling, c'est bien en Savoie et Hockey sur glace, c'est mieux au Canada. En faisant l'inventaire de ces ressources, vous risquerez moins de manquer une bonne occasion, et vous éviterez les faux-pas : comme de parler de pogo au commandeur des croyants.

VOTRE CAPITAL SYMBOLIQUE MOBILISABLE

VOS DIPLÔMES

Parmi vos formations, notez ici le nom des écoles qui disposent d'une certaine notoriété.

Attention : le rayonnement d'un établissement peut être **départemental**, **régional**, **national** ou **international**. Il peut concerner certaines personnes ou un très grand nombre de personnes.

VOTRE DIPLÔME ET/OU VOTRE FORMATION	SA RÉPUTATION, OÙ ET AUPRÈS DE QUI ?	EN QUOI CELA PEUT VOUS ÊTRE UTILE ?

VOS EXPÉRIENCES

Parmi vos employeurs, notez ici le nom de ceux qui disposent d'une certaine notoriété.

LE NOM DE VOTRE EMPLOYEUR	SA RÉPUTATION, OÙ ET AUPRÈS DE QUI ?	EN QUOI CELA PEUT VOUS ÊTRE UTILE ?

Quelles actions pourriez-vous mettre en œuvre pour développer votre capital symbolique ?

....

....

....

....

« L'expérience nous fait connaître que tout ce qui est incroyable n'est pas faux. »

Cardinal de Retz

L'EXPÉRIENCE

Évaluer une situation, poser les bons gestes ou les bonnes questions, prendre des initiatives tout en faisant valider ses intuitions, contrôler son travail, demander un avis à des collègues, ne pas se mettre en colère ou en état de stress au premier conflit qui survient avec d'autres personnes, clients et/ou collaborateurs… autant de qualités qui ne s'acquièrent pas en quelques heures de formation, mais bien par l'expérience professionnelle. Ces habitudes de travail sont aussi celles qui font qu'un collaborateur sera efficace et performant. Et il faut parfois plusieurs années de temps et une grande quantité de situations vécues avant que les meilleurs comportements soient devenus des réflexes.

Vous avez bien évidement appris à faire des choses à l'école, à la maison, durant vos études. Mais, en cherchant votre premier emploi, ou lors de votre premier stage, ou même assez longtemps après avoir trouvé votre premier emploi, vous avez dû, vraisemblablement, être questionné sur votre expérience.

Productivité.

Le fait est que, même si vous avez appris à réaliser parfaitement une tâche difficile, comme souffler du verre, mouler du bronze, rédiger un contrat, lire le droit et la jurisprudence, ou que sais-je, vous allez encore longtemps progresser en efficacité : vous ferez aussi bien mais plus vite, ou plus vite et encore mieux. La question est celle de votre productivité. Et c'est l'organisation qui vous emploie qui fixe les standards. Ou le niveau d'exigence de votre client, si vous êtes avocat en libéral.

Moi-même, je suis parfaitement capable de tondre un mouton. Mais je le fais tellement lentement qu'aucun professionnel ne me prêtera sa tondeuse sur son temps de travail, même si je me propose de le remplacer gratuitement. La productivité se développe par l'entrainement.

Responsabilité.

En plus d'être productif, on peut vous demander d'être responsable. Il ne s'agit pas de responsabilité au sens courant, mais au sens originel : votre habilité à répondre aux situations qui se présentent, en particulier les plus imprévues. Pour pouvoir rapidement et efficacement, vous devez avoir mémorisé un grand nombre de situations, sur une palette étendue de ce qui peut se produire dans votre environnement professionnel. Cette habileté s'acquiert le plus souvent sur le terrain, mais avec d'autant plus de facilité que vous avez de connaissances, de compétences et d'entrainement.

Sérénité.

Avec la responsabilité vient la sérénité.

Les bouddhistes parlent de trois niveaux de connaissances : la connaissance apprise en écoutant le maître. Elle s'acquiert facilement, s'oublie facilement et n'a que peu d'application pratique.

Ensuite vient la connaissance critique. Après avoir écouté le maître, vous avez questionné la connaissance apprise, défini son champ d'application, déduit des notions complémentaires, …

En dernier lieu vient la connaissance vécue : vous avez expérimenté, mis en pratique, et vécu la différence entre le réel et le prescrit, la confrontation de la théorie avec la pratique. Avec la répétition de l'action dans un temps long, vous emmagasinez des données importantes, qui n'ont pas de sens dans un apprentissage théorique. Dans un cours de bijouterie, on apprend que les pierres précieuses deviennent cassantes à certaines températures. Chauffer de l'or pour sertir une pierre n'a rien à voir avec lire un tableau de température.

Avec l'expérience, les réussites et les ratés, vient la sérénité.

Retour sur les soft skills

Les soft skills sont donc au carrefour de la compétence, de l'expérience et de la personnalité. Ce sont des qualités personnelles qui vous permettent de mieux répondre à certaines situations, d'en tirer plus vite de l'expérience, et de rester serein.

Nous vous proposons plusieurs lectures, grilles ou listes. Vous devez choisir les qualités qui vous correspondent le plus, celles que vous voulez mettre en avant, et celles dont vous pouvez raconter l'histoire : où et quand avez-vous fait preuve de cette qualité, dans quelles circonstances.

Les 16 _Soft skills_ les plus prisées dans le domaine professionnel

RÉSOLUTION DE PROBLÈMES	ESPRIT D'ENTREPRENDRE
COMMUNICATION	AUDACE
CONFIANCE	AUTOMOTIVATION
INTELLIGENCE ÉMOTIONNELLE	VISION
EMPATHIE	PRÉSENCE
GESTION DU TEMPS	SENS DU COLLECTIF
GESTION DU STRESS	CURIOSITÉ
CRÉATIVITÉ	ESPRIT CRITIQUE

TALENTS VS SOFT SKILLS

Nous empruntons à *<psychopersonnalite.com>* la roue des priorités :

Les talents présentés ici sont bien de la même nature que les soft skills. Mais ils correspondent à des tempéraments cohérents avec la psychologie de la personnalité, la biologie et les neurosciences.

En y regardant de plus près, et en essayant de les traduire en soft skills, on voit qu'il n'y a pas de correspondance stricte. Conclusion : un soft skill peut être acquis.

PRIORITÉ : STIMULATION

ACTION

Vous êtes très ancré dans le **moment présent** et vous recherchez les **expériences qui vous font sentir vivant.**
Vous prenez les choses en main pour **résoudre rapidement les problèmes, et les risques ne vous effraient pas.**
Vous êtes **sociable** et **dynamique.**

INNOVATION

Vous avez soif de **connaissances** et de **découvertes.**
Vous avez l'art de **penser rapidement** et **en dehors des sentiers battus,** et de **connecter des idées** pour créer quelque chose de nouveau.
Vous êtes **enthousiaste et curieux.**

PRIORITÉ : MAÎTRISE

VÉRITÉ

Vous **triez les informations avec rigueur**, pour différencier le vrai du faux.
Vous faites preuve d'une **excellente réflexion logique.**
Vous êtes **précis et pointu.**

EFFICACITÉ

Vous êtes expert pour **gérer les ressources temps, énergie et argent,** avec un ratio efforts / gains optimisé.
Vous **concevez des systèmes** qui facilitent la vie, et qui doivent fonctionner en toutes circonstances.
Vous êtes **efficace et organisé.**

PRIORITÉ : SÉCURITÉ

VISION

Vous êtes spécialiste pour **creuser profondément** un sujet et en faire une **analyse poussée**.

Vous avez les capacités de **déployer une énergie mentale conséquente** pour imaginer des **projections futures**.

Vous êtes **introspectif et visionnaire**.

CONFORT

Vous êtes excellent pour créer un **cadre ou un environnement confortable et sécurisant**.

Vous mettez en place des **routines qui favorisent une vie bien réglée**.

Vous êtes **calme et consciencieux**.

PRIORITÉ : APPARTENANCE

CONNEXIONS

Vous **comprenez facilement les besoins et les motivations** des autres. Vous savez comment **mettre les gens à l'aise** et vous avez à cœur de **préserver une entente harmonieuse**.

Vous êtes **altruiste et attentionné**.

IDENTITÉ

Vous avez des **valeurs fortes**, qui vous guident pour distinguer **ce qui est bon de ce qui est mauvais** et pour défendre **ce qui est juste**.

Vous avez une bonne conscience de qui vous êtes, de **ce que vous voulez et de ce que vous ne voulez pas**, peu importe ce que les autres en pensent.

Vous êtes **inspirant et dévoué**.

La liste

- ☐ **ACTION**
- ☐ **INNOVATION**
- ☐ **VÉRITÉ**
- ☐ **EFFICACITÉ**
- ☐ **VISION**
- ☐ **CONFORT**
- ☐ **CONNEXIONS**
- ☐ **IDENTITÉ**

Dans une des listes proposées, choisissez-les « 5 soft skills » qui vous caractérisent le mieux :

1.

2.

3.

4.

5.

Illustrez vos Soft skills avec des expériences concrètes :

Reliez maintenant chaque Soft skill à une expérience professionnelle ou personnelle. Cette expérience correspond à un moment où vous avez dû faire appel à cette qualité. Par exemple : « je suis une personne créative. Chaque jour dans mon travail, je lance de nouvelles idées. J'ai notamment lancé l'idée d'une nouvelle organisation plus efficace pour le standard téléphonique ». L'objectif est de pouvoir vous souvenir que vous avez bien cette qualité et de vous préparer en parler.

Soft skill n°1 : ....
Mon expérience professionnelle et/ou personnelle :

....
....
....
....
....

Soft skill n°2 : ....
Mon expérience professionnelle et/ou personnelle :

....
....
....
....
....

Soft skill n°3 : ....
Mon expérience professionnelle et/ou personnelle :

....
....
....
....
....

Soft skill n°4 : ....
Mon expérience professionnelle et/ou personnelle :

....
....
....
....
....

Soft skill n°5 : ....
Mon expérience professionnelle et/ou personnelle :

....
....
....
....
....

LES COMPÉTENCES

Le mot lui-même est extrêmement disputé, on l'a vu. Nous vous proposons de retenir la définition minimaliste : une **compétence** est un **savoir faire**. Elle peut toujours s'exprimer par un verbe d'action à l'infinitif, suivi d'une courte phrase.

Par exemple, voici une liste des compétences de bases, attendues dans un métier (devinez lequel) :

- Organiser une action de reconnaissance
- Organiser une action d'assistance
- Contrôler une zone sensible
- Appliquer les consignes de sécurité
- Prévenir un risque ou une menace
- Identifier une menace
- Déterminer l'action à mener selon les consignes
- Diriger des actions militaires
- Établir un rapport sur l'évolution d'une situation
- Assister et secourir les personnels militaires, les populations et ressortissants
- Préparer le matériel, les matériaux et les outillages
- Contrôler un équipement ou matériel

Un autre :

- Dresser les tables
- Réaliser la mise en place de la salle et de l'office
- Accueillir le client à son arrivée au restaurant, l'installer à une table et lui présenter la carte
- Conseiller le client dans ses choix de plats selon ses goûts, les suggestions du jour et prendre sa commande
- Traiter une commande
- Saisir une commande sur informatique
- Réaliser un service en salle
- Veiller à la satisfaction d'un client
- Encaisser le montant d'une vente

Un troisième

- Défricher un scénario
- Réaliser un échauffement corporel et vocal avant une répétition ou une représentation
- Proposer et améliorer des axes d'interprétation / jeu
- Répéter un rôle
- Interpréter un rôle
- Promouvoir une oeuvre
- Mémoriser des textes, dialogues
- Défricher le texte d'une pièce de théâtre
- Contribuer à des actions de promotion dans les médias et sur les réseaux sociaux

Et un dernier

- Définir les orientations stratégiques d'une structure
- Recenser les symptômes, les dysfonctionnements, cerner l'environnement de vie du patient et procéder à l'examen clinique
- Déterminer les besoins thérapeutiques et réaliser les soins médicaux
- Réaliser la prescription médicale, expliquer les modalités de traitement au patient et le conseiller sur l'hygiène de vie
- Repérer les situations à risques (maltraitance, addiction, ...) et orienter le patient vers d'autres professionnels ou informer les services concernés (sociaux, judiciaires, ...)
- Compléter les documents médico-administratifs (feuille de soins, déclaration de grossesse)
- Actualiser le dossier médical du patient
- Représenter une structure lors d'évènements (salons professionnels, ...)
- Actualiser la documentation professionnelle et réglementaire
- Participer à des groupes de travail
- Organiser une intervention chirurgicale (réservation de bloc opératoire, constitution de l'équipe, présentation et analyse de dossiers médicaux,...) et la réaliser
- Pratiquer une intervention chirurgicale

Militaire du rang, Serveur en restauration, Comédien, et Médecin (chirurgien)

FAIRE L'INVENTAIRE DES COMPÉTENCES

1) La recherche documentaire

R.O.M.E.

Ces compétences sont extraites des fiches ROME (Répertoire Opérationnel des Métiers et emplois). Elles sont accessibles sur Internet par le site de Pôle emploi ou en entrant « fiches ROME » sur un moteur de recherche.

La première approche consiste à identifier la fiche ROME qui correspond à votre métier actuel, passé ou encore, au métier que vous projetez de faire à l'avenir. Comme l'onglet de recherche du site web de Pôle Emploi ne corrige pas l'orthographe, ni n'interprète les mots saisis, il faut parfois prendre un détour.

Notre détour préféré reste le site de l'ONISEP, l'index des métiers, l'entrée par « goûts ».

https://www.onisep.fr/Decouvrir-les-metiers/Des-metiers-selon-mes-gouts

Une fois le métier identifié sur le site de l'ONISEP, les mots passent bien pour la recherche du ROME de Pôle Emploi.

Dans les pages suivantes, nous vous expliquons comment lire une fiche ROME. Vous pouvez aussi demander à votre consultant de vous aider dans cette recherche.

Ci-après, une fiche ROME de 4 pages.

Le parti pris du ROME est de considérer qu'un métier (ou un emploi) se définit par un ensemble de compétences (savoir-faire) à mettre en œuvre. Chaque fiche porte en titre un code unique suivi de l'appellation la plus courante. Pour éviter des malentendus, on trouve, sur la première partie de la fiche, dans un fin cadre orange, une liste qui recense toutes les appellations observées pour des métiers ou emplois qui correspondent à cet ensemble de savoir-faire.

Suivent une courte description du métier, les conditions d'accès à l'emploi et les conditions d'exercice du métier.

C'est dans le cadre situé sous le bandeau bleu foncé qu'on trouve la liste des savoir-faire qui constituent le métier, dans la colonne de gauche. A droite on trouve les savoirs associés.

Un cran plus bas, sous un bandeau vert, les compétences spécifiques, qui seront nécessaires dans certaines circonstances seulement.

Le reste se comprend à la lecture.

L1203 - Art dramatique

❖ Appellations

- ☐ Acteur / Actrice
- ☐ Acteur / Actrice de complément
- ☐ Acteur principal / Actrice principale
- ☐ Artiste dramatique
- ☐ Comédien / Comédienne
- ☐ Conteur / Conteuse
- ☐ Doublure

- ☐ Doublure cascadeur / cascadeuse
- ☐ Figurant / Figurante
- ☐ Personnage
- ☐ Personnage de Noël
- ☐ Répétiteur / Répétitrice de dialogues
- ☐ Silhouette
- ☐ Voix off

❖ Définition

Interprète des rôles, des personnages dans des oeuvres cinématographiques, des productions audiovisuelles (téléfilms, séries, feuilletons radiophoniques, films publicitaires, ...), des spectacles (pièces de théâtre, comédies musicales, ...), selon les intentions artistiques d'un metteur en scène, d'un réalisateur, ... et les impératifs de tournage, de programmation.

Peut intervenir en tant que figurant ou silhouette.

Peut effectuer du doublage vocal.

❖ Accès à l'emploi métier

Cet emploi métier est accessible avec une formation en art dramatique (conservatoires, écoles nationales supérieures de théâtre, cours privés).

Il est également accessible avec une expérience professionnelle dans ce secteur sans diplôme particulier.

Des démarches actives (casting, auditions, ...) sont nécessaires pour l'obtention de contrats.

Les recrutements sont généralement ouverts sur contrats de travail à durée déterminée d'usage.

❖ Conditions d'exercice de l'activité

L'activité de cet emploi/métier s'exerce sur des lieux de tournage, de spectacle, en studio, en relation avec un metteur en scène, un réalisateur et des équipes techniques (coiffure, maquillage, costume, ...).

Elle peut impliquer des déplacements et un éloignement du domicile de plusieurs jours ou semaines.

L'activité est soumise au rythme de la programmation des spectacles et des tournages.

La rémunération est généralement sous forme de cachet.

❖ Compétences de base

Savoir-faire		Savoirs
Défricher un scénario	A	Techniques d'improvisation
Réaliser un échauffement corporel et vocal avant une répétition ou une représentation	A	Techniques d'expression corporelle
Proposer et améliorer des axes d'interprétation / jeu	A	Techniques gestuelles
Répéter un rôle	A	Techniques de diction
Interpréter un rôle	A	Techniques respiratoires
Promouvoir une oeuvre	E	Histoire du théâtre
Mémoriser des textes, dialogues	A	Histoire du cinéma
Défricher le texte d'une pièce de théâtre	A	Placement de voix
Contribuer à des actions de promotion dans les médias et sur les réseaux sociaux	Ea	Appropriation d'espace scénique
		Techniques de relaxation

❖ Compétences spécifiques

Savoir-faire		Savoirs
Interpréter un rôle au cinéma	A	Théâtre classique
Interpréter un rôle au théâtre	A	Théâtre contemporain
Interpréter un rôle au théâtre expérimental (improvisation, outrapo, ...)	A	Théâtre de boulevard
		Pratique du conte
		Feuilleton radiophonique
		Film érotique, pornographique
		Film court métrage
		Film institutionnel
		Film long métrage
		Film publicitaire
		Lecture-spectacle / monologue
		Caractéristiques des séries télévisées
		Caractéristiques des téléfilms
		Pratique du chant
		Pratique d'un instrument de musique
		Pratique de la danse

| Réaliser des cascades | A | Techniques de cascades |

Fiche ROME L1203
Octobre 2020

❖ Compétences spécifiques

Savoir-faire		Savoirs
☐ Apparaître en tant que figurant pour un tournage ou une représentation	A	
☐ Apparaître en tant que silhouette dans un film, une pièce de théâtre, un clip etc.	A	
☐ Réaliser un doublage vocal	A	☐ Techniques de transformation de la voix ☐ Techniques de doublage vocal
☐ Parler en voix off	A	
☐ Procéder à la préparation d'un évènement artistique (coiffure, maquillage, costume)	Ra	☐ Techniques de coiffage ☐ Techniques de maquillage
☐ Mener des répétitions avec des acteurs, comédiens	A	

❖ Environnements de travail

Structures	Secteurs	Conditions
☐ Association culturelle ou de loisirs ☐ Compagnie artistique (théâtre, danse, arts de la rue, ...) ☐ École d'enseignement artistique et conservatoire ☐ Parc de loisirs ☐ Salle de spectacles ☐ Société de post-production cinématographique ☐ Société de production audiovisuelle, cinématographique ☐ Société de production de spectacles ☐ Studio d'enregistrement radiophonique	☐ Cinéma ☐ Évènementiel ☐ Publicité ☐ Radio ☐ Spectacle vivant ☐ Télévision	

Pôle emploi - Direction Générale

Fiche ROME L1203
Octobre 2020

❖ Mobilité professionnelle

Emplois / Métiers proches

Fiche ROME	Fiches ROME proches
L1203 - Art dramatique ■ Toutes les appellations	**L1201 - Danse** ■ Toutes les appellations
L1203 - Art dramatique ■ Toutes les appellations	**L1202 - Musique et chant** ■ Toutes les appellations
L1203 - Art dramatique ■ Toutes les appellations	**L1204 - Arts du cirque et arts visuels** ■ Toutes les appellations

Emplois / Métiers envisageables si évolution

Fiche ROME	Fiches ROME envisageables si évolution
L1203 - Art dramatique ■ Toutes les appellations	**K2105 - Enseignement artistique** – Professeur / Professeure d'art dramatique
L1203 - Art dramatique ■ Toutes les appellations	**L1301 - Mise en scène de spectacles vivants** ■ Toutes les appellations
L1203 - Art dramatique ■ Toutes les appellations	**L1303 - Promotion d'artistes et de spectacles** ■ Toutes les appellations
L1203 - Art dramatique ■ Toutes les appellations	**L1304 - Réalisation cinématographique et audiovisuelle** ■ Toutes les appellations

Pôle emploi - Direction Générale

Fiche ROME L1203
Octobre 2020

ROME & RIASEC

Vous pouvez aussi rechercher des compétences (ou des métiers) par code RIASEC, ou codes de Holland.

Mode d'emploi (nouvelle version du 06/03/2021)

RIASEC majeur: ○R ○I ○A ○S ○E ○C
RIASEC mineur : ○R ○I ○A ○S ○E ○C ○tous

Type de recherche :
⦿Fiches ROME   ○Compétences ROME

Rechercher   annuler

Accueil

Version du ROME utilisée : 22 mars 2021 (cf Open DATA de Pôle emploi) - >Contact

le lien : http://deporientation.free.fr/RechercheRIASEC-ROME/Recherche-ROME-RIASEC_002.php

FAIRE L'INVENTAIRE DES COMPÉTENCES, suite …

Une autre façon de faire un exposé de ses compétences consiste à passer par l'expérience.

Rappel : Expérience / Compétence

Compétence : savoir faire

Une compétence est la capacité à mettre en œuvre un savoir-faire (ou savoir-être, ou savoir tout court) <u>dans un contexte donné</u>, et donc l'engagement de pouvoir reproduire le résultat raconté dans votre expérience. C'est un potentiel éprouvé.

Expérience : « qui a fait, fera »

Une expérience est une réalité passée qui prouve que vous avez réalisé quelque chose dans un <u>contexte passé</u>. C'est une preuve, pour le passé. Il n'y a pas de raison que ce soit une promesse pour le futur, si le contexte est différent.

Il est relativement facile de montrer que nos **expériences** sont la preuve de nos **compétences** et que celles-ci pourront s'exercer dans le **contexte** qui est celui de votre projet. La méthode la plus utilisée pour cela s'appelle **la méthode STAR.** Le but est de prouver vos compétences à l'aide de vos expériences en utilisant le schéma suivant :

Situation : voici le contexte.
Tâche : voici ce que l'on m'a demandé.
Actions : voici ce que j'ai mis en œuvre pour y parvenir (quoi, avec qui, comment).
Résultat : voici ce que j'ai accompli (avec des faits, des chiffres, des données objectives.)

Comme notre propos n'est pas, à ce stade, de passer un entretien de recrutement, voici comment procéder :

1) Le souvenir

C'est un sujet déjà abordé au début de la démarche. Il s'agit de chercher dans votre histoire vécue des extraits, des anecdotes, des épisodes, et de les mettre en forme STAR.

2) L'explicitation

Au lieu de chercher des souvenirs plus ou moins lointains, racontez votre journée de travail, à votre consultant ou pour vous-même par écrit.

Différents types de journée :

Nous pouvons avoir des journées qui se suivent et se ressemblent, ou pas, et on peut aussi distinguer différents types de journée, en fonction des tâches qui nous sont dévolues et de l'organisation du travail à notre poste :

Routine : le programme de la journée est presque toujours le même, et les jours se ressemblent. Dans ce cas il devrait être facile de faire une liste de ce que vous faites dans une journée de travail. Un exemple est celui du vigile qui fait sa ronde.

Routine<u>s</u> : il y a plusieurs programmes possibles, mais un programme donné. Pour revenir au vigile : il peut parfois être accompagné sur sa ronde, par un maître chien. Ou encore, certains points de la zone à surveiller ne sont pas contrôlés tous les jours : il peut avoir plusieurs circuits.

Variété : on a de la variété quand le programme ne change pas, mais que des éléments extérieurs imprévus font partie du métier. Par exemple, un peloton de soldats dans la rue dans le cadre d'un programme Vigipirate : c'est toujours le même job, le même circuit, mais jamais tout à fait la même situation.

Diversité : ce sont les missions qui changent.

Mission : on exécute toujours le même programme mais dans des environnements différents.

Projet: il s'agit de partir d'un point A pour aller à un point Z, et on ne vit qu'une fois chaque étape du projet.

Client<u>s</u> : le travail est plus ou moins le même, mais la relation client apporte des éléments de différence qui sont importants.

- Selon votre contexte professionnel, il y aura plus ou moins de points à lister.

- Pour chaque point sur la liste, il y aura une mise en forme STAR à faire.

- Pour chaque STAR, l'extrait TA, tâche à accomplir et action menée, désigne une compétence, comparable à ce qu'on trouve dans un fiche ROME dans le cadre « savoir-faire »

Ce travail peut vous sembler facile ou non, intéressant ou ennuyeux. Si vous trouvez ça difficile ET ennuyeux, faites le tout de même deux ou trois fois pour « prendre le coup », éventuellement avec l'aide de votre consultant. Comme nous l'avons dit plus haut, il s'agit moins de faire un inventaire complet que de vous entrainer à retrouver un article (une compétence) dans l'entrepôt (votre expérience).

Il peut arriver que certains STAR vous rendent particulièrement fier, ou heureux. Nous les appellerons des « réalisations ».

VOS RÉALISATIONS

VOTRE RÉALISATION PROFESSIONNELLE LA PLUS MARQUANTE
Intitulé : .... Année : ....
Éléments de contexte : ....

•VOTRE OBJECTIF PROFESSIONNEL

•LES RÉSULTATS QUE VOUS AVEZ OBTENUS

Résultat 1 :

Résultat 2 :

Résultat 3 :

•LES DIFFICULTÉS QUE VOUS AVEZ RENCONTRÉES

Difficulté 1 :

Difficulté 2 :

Difficulté 3

•LES QUALITÉS QUE CETTE EXPÉRIENCE VOUS A PERMIS DE DÉVELOPPER

Talent 1 :

Talent 2 :

Talent 3 :

Rappelez-vous : ce que vous avez écrit, vous devez pouvoir le raconter.

VOTRE RÉALISATION PERSONNELLE LA PLUS MARQUANTE

Intitulé : .... Année : ....

Éléments de contexte :   ....

- **VOTRE OBJECTIF PERSONNEL**

•**LES RÉSULTATS QUE VOUS AVEZ OBTENUS**

Résultat 1 :

Résultat 2 :

Résultat 3 :

•LES DIFFICULTÉS QUE VOUS AVEZ RENCONTRÉES

Difficulté 1 :

Difficulté 2 :

Difficulté 3

•LES QUALITÉS QUE CETTE EXPÉRIENCE VOUS A PERMIS DE DÉVELOPPER

Talent 1 :

Talent 2 :

Talent 3 :

Rappelez-vous : ce que vous avez écrit, vous devez pouvoir le raconter.

VOTRE DIPLÔME
Intitulé : .... Année d'obtention : ....
Éléments de contexte :   ....

● **LES 3 MATIÈRES PRINCIPALES ENSEIGNÉES DANS VOTRE DIPLÔME**
 1 :

 2 :

 3 :

●LES 3 DIFFÉRENCES AVEC LES DIPLÔMES ÉQUIVALENTS

1 :
....
....

2 :
....
....

3 :
....
....

•LES 3 QUALITÉS PERSONNELLES DÉVELOPPÉES

1 :

....

....

2 :

....

....

3 :

....

....

•QU'EST-CE QUE VOUS POURRIEZ AJOUTER ?

Quels compléments de formation (courte) pourrait venir booster votre profil

1 :

....

....

2 :

....

....

3 :

....

....

LA SYNTHÈSE

•VOS SAVOIR-FAIRE

Notez ici vos trois savoir-faire principaux (où vous pouvez êtes meilleur que les autres).

SAVOIR-FAIRE 1 :

....
....
....
....

SAVOIR-FAIRE 2 :

....
....
....
....

SAVOIR-FAIRE 3 :

....
....
....
....

•VOS SAVOIR-ÊTRE

Notez ici les trois qualités personnelles principales qui vous caractérisent. Ce sont des attitudes que vous adoptez naturellement et qui vous différencient positivement des autres.

SAVOIR-ÊTRE 1 :

....
....
....
....

SAVOIR-ÊTRE 2 :

....
....
....
....

SAVOIR-ÊTRE 3 :

....
....
....
....

•VOS SAVOIRS

Notez ici les trois domaines de connaissances dans lesquels vous avez des connaissances supérieures à la moyenne.

SAVOIR 1 :

....
....

....
....

SAVOIR 2 :

....
....

....
....

SAVOIR 3 :

....
....

....
....

L'ARGUMENTAIRE

Faire la liste de vos ressources, de vos qualités et de vos compétences est intéressant à plus d'un titre :

Cela vous éclaire sur d'éventuelles mobilités professionnelles, et vous permet d'en évaluer la faisabilité.

Si vous décidez de vous engager dans une reconversion, vous pourrez lister vos manques par rapport au métier cible et déterminer les objectifs de formation pertinents.

Dans le cas d'une recherche d'emploi, ce travail est un préalable indispensable à l'élaboration d'un CV, comme à la préparation d'un entretien d'embauche.

Si vous envisagez de créer votre activité, vous y trouverez de quoi bâtir une partie de vos arguments de vente, une base pour votre pitch, des éléments de communication.

MOBILITÉ PROFESSIONNELLE

La fiche ROME

Sur la seule base des compétences (savoir faire) les fiches ROME suggèrent des mobilités professionnelles, faciles ou faisables. Ces métiers, jugés accessibles sur la seule base des compétences, sont mentionnés dans la dernière partie de la fiche, dans les cadres sous les bandeaux bleus.

❖ **Mobilité professionnelle**

Emplois / Métiers proches

Fiche ROME	Fiches ROME proches
L1203 - Art dramatique ▪ Toutes les appellations	**L1201 - Danse** ▪ Toutes les appellations
L1203 - Art dramatique ▪ Toutes les appellations	**L1202 - Musique et chant** ▪ Toutes les appellations
L1203 - Art dramatique ▪ Toutes les appellations	**L1204 - Arts du cirque et arts visuels** ▪ Toutes les appellations

Emplois / Métiers envisageables si évolution

Fiche ROME	Fiches ROME envisageables si évolution
L1203 - Art dramatique ▪ Toutes les appellations	**K2105 - Enseignement artistique** – Professeur / Professeure d'art dramatique
L1203 - Art dramatique ▪ Toutes les appellations	**L1301 - Mise en scène de spectacles vivants** ▪ Toutes les appellations
L1203 - Art dramatique ▪ Toutes les appellations	**L1303 - Promotion d'artistes et de spectacles** ▪ Toutes les appellations
L1203 - Art dramatique ▪ Toutes les appellations	**L1304 - Réalisation cinématographique et audiovisuelle** ▪ Toutes les appellations

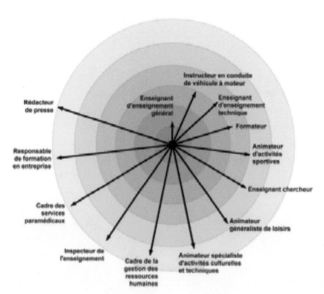

Les codes de Holland

Si vous avez retenu votre profil RIASEC (voir les livrets précédents ou le test « vocation » ou les tests proposés par le site web <psychopersonnalite.com>), vous pouvez trouver des métiers par cette entrée, via ce site

le lien : http://deporientation.free.fr/RechercheRIASEC-ROME/Recherche-ROME-RIASEC_002.php

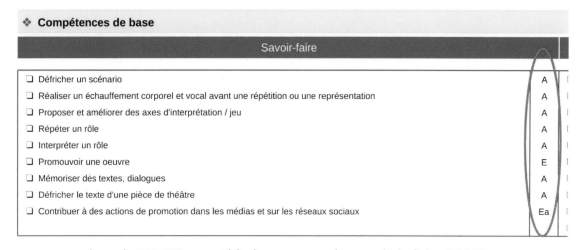

le code RIASEC associé à chaque compétence de la fiche ROME

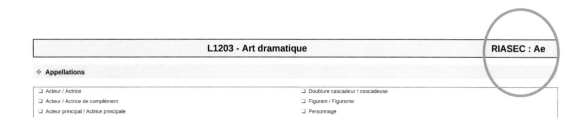

le code RIASEC associé au métier sur la fiche ROME

LE CHOIX D'UNE FORMATION

Vous pouvez croiser les compétences d'une fiche ROME et le référentiel de compétences d'une formation. On trouve, normalement, sur le site France Compétences « les blocs de compétences » de toutes les formations certifiantes.

Voici à titre d'exemple, les « blocs de compétences » auxquels doit former la licence pro d'agent immobilier.

On y retrouve bien une formulation avec un verbe d'action à l'infinitif suivi d'une courte phrase en style télégraphique.

N° et intitulé du bloc	Liste de compétences	Modalités d'évaluation
RNCP30124BC01 Usages numériques	**Utiliser** les outils numériques de référence et les règles de sécurité informatique pour acquérir, traiter, produire et diffuser de l'information ainsi que pour collaborer en interne et en externe.	
RNCP30124BC02 Exploitation de données à des fins d'analyse	**Identifier**, sélectionner et analyser avec esprit critique diverses ressources dans son domaine de spécialité pour documenter un sujet et synthétiser ces données en vue de leur exploitation. **Analyser** et **synthétiser** des données en vue de leur exploitation. **Développer** une argumentation avec esprit critique.	
RNCP30124BC03 Expression et communication écrites et orales	**Se servir** aisément des différents registres d'expression écrite et orale de la langue française. **Communiquer** par oral et par écrit, de façon claire et non-ambiguë, dans au moins une langue étrangère.	
RNCP30124BC04 Positionnement vis à vis d'un champ professionnel	**Identifier** et situer les champs professionnels potentiellement en relation avec les acquis de la mention ainsi que les parcours possibles pour y accéder. **Caractériser** et **valoriser** son identité, ses compétences et son projet professionnel en fonction d'un contexte. **Identifier** le processus de production, de diffusion et de valorisation des savoirs.	
RNCP30124BC05 Action en responsabilité au sein d'une organisation professionnelle	**Situer** son rôle et sa mission au sein d'une organisation pour s'adapter et prendre des initiatives. **Respecter** les principes d'éthique, de déontologie et de responsabilité environnementale. **Travailler** en équipe et en réseau ainsi qu'en autonomie et responsabilité au service d'un projet. **Analyser** ses actions en situation professionnelle, s'autoévaluer pour améliorer sa pratique.	
RNCP30124BC06 Réalisation d'un diagnostic	**Appréhender** le marché de l'immobilier pour dégager des opportunités de programme • Evaluer la faisabilité d'une opération et concevoir un programme en fonction d'un site choisi	
RNCP30124BC07	Réaliser de la prospection foncière	

Le choix d'une formation comporte beaucoup d'autres enjeux que la simple acquisition de compétences. C'est un sujet à part entière qui n'est pas traité ici.

LES RECRUTEURS

Vous avez, à ce stade, beaucoup d'éléments pour vous préparer à une recherche d'emploi. La première étape serait de refaire votre CV. Mais il manque l'élément essentiel : un projet validé.

Nous vous conseillons plutôt de vous lancer dans une recherche d'information. Le fait d'avoir engagé un bilan de compétences pourrait être un sujet d'inquiétude pour votre employeur actuel, votre manager, vos collaborateurs et vos collègues mais c'est quelque chose de rassurant pour tous les employeurs potentiels et tous vos futurs collègues : vous êtes en recherche d'information et cela produit beaucoup moins de tensions qu'une recherche d'emploi. Vos interlocuteurs peuvent répondre à vos questions, sans que cela ne les engage.

La première chose à faire, à mon avis, c'est de bien remplir votre profil LinkedIn. D'une part c'est un bon exercice, en lien direct avec ce livret, d'autre part vous n'êtes pas obligé de tout rendre public. Enfin, LinkedIn est un bon outil pour trouver des informations.

Cette recherche d'information s'appelle souvent « enquête métier » : lorsque vous voulez valider une piste d'évolution professionnelle en recueillant de l'information vivante sur le métier, vous prenez aussi de l'information sur le secteur d'activité et les entreprises qui seraient des employeurs potentiels. De même, vous pouvez avoir besoin d'information sur les formations, et les contacts que vous nouez à cette étape seront toujours utiles dans la mise en œuvre de vos projets.

LE PITCH

Mis à la mode par la vogue des start-up, le pitch (ou elevator pitch : résumé dans l'ascenseur) est un exercice qui consiste à parler de vous en quelques secondes de manière à ce que votre interlocuteur ait envie de vous rencontrer … pour faire des affaires avec vous.

Là encore, cet exercice, pour être parfait, implique que vous ayez un projet défini.

Travailler sur votre pitch, vient en complément du CV, du profil LinkedIn et tout ça vous pousse à avancer encore plus dans la connaissance du professionnel que vous êtes ou serez prochainement.

LE SLOGAN OU LA CARTE DE VISITE

Il s'agit de trouver le sous titre de votre CV, ou ce que vous pourriez écrire sur une carte de visite, entre votre nom et vos coordonnées, un slogan sur un flyer, ou sous votre logo. Quelque chose qui parle de vous et de ce que vous apportez d'unique, votre valeur ajoutée.

Un façon de s'en approcher, c'est de confronter nos différentes réalisations avec celles de collègues, pour trouver ce que nous faisons de très personnel, dans toutes les situations où nous intervenons.

Enfin, une valeur, un symbole, parmi les plus importants de ce que vous avez identifié jusqu'ici, doit être en cohérence avec ça.

CONCLUSION

L'objectif à cette étape était de vous donner toutes les informations dont vous pourrez avoir besoin lorsque vous devrez vous présenter comme professionnel.

Vous avez vu qu'il y a plusieurs registres : des ressources matérielles au slogan. La prochaine étape consiste à ré arranger ces éléments autour de votre projet. C'est un point important pour sa réalisation, et la planification des actions à venir.

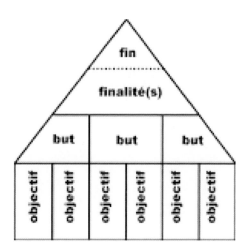

ANNEXES

CARTES DE VISITE

CV modèles et caricature.

SOFT SKILL

CARTES DE VISITES

La carte échantillon : c'est facile si vous êtes designer.

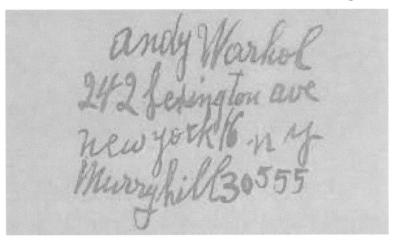

La carte qui segmente le marché : pas de commentaire.

La carte de visite professionnelle : une promesse de réactivité.

La carte magique : « *l'homme d'au-delà, en personne* »

La carte flyer menu : tout y est.

Demandez celle de votre consultant.

Prénom
NOM

P O S T E   O C C U P É

Anglais 	⦿ xxxxxxxxxxxxx	**LOGICIELS**
Espagnol	✉ xxxxx@xxxx.com	Excel, Word, PowerPoint, Outlook,
Allemand	☎ xxxxxxxxxxxx	Photoshop, Illustrator, Wordpress.

INTÉRÊTS

Voyager: Europe (France, Irlande et Norvège), Asie (Chine, Japon, Thaïlande).

Sport: Natation, football, escrime.

Bénévole dans une association.

FORMATION

Sept. 20XX - Juil.
Ville, Pays

DIPLÔME XXXXXXXXXXXXXXXXXXX XXXXXXXXXXXX XXXXXXXXXXXXXX
Université ou école

Sept. 20XX - Juil.
Ville, Pays

DIPLÔME XXXXXXXXXXXXXXXXXXX XXXXXXXXXXXX XXXXXXXXXXXXXX
Université ou école

EXPERIENCE PROFESSIONNELLE

Nov. 20XX – Juil. 20XX
Ville, Pays

NOM DE L'ENTREPRISE
Poste occupé
- Donec turpis mauris, auctor vitae sollicitudin in, elementum efficitur tellus.
- Aenean nec turpis tortor. Ut placerat varius vivera vestibulum eu dictum purus.
- Ut lacinia commodo erat id vulputate. Orci varius natoque penatibus et magnis dis parturient montes, nascetur ridiculus mus.

Nov. 20XX – Juil. 20XX
Ville, Pays

NOM DE L'ENTREPRISE
Poste occupé
- Donec turpis mauris, auctor vitae sollicitudin in, elementum efficitur tellus.
- Aenean nec turpis tortor. Ut placerat varius vivera vestibulum eu dictum purus.
- Ut lacinia commodo erat id vulputate. Orci varius natoque penatibus et magnis dis parturient montes, nascetur ridiculus mus.

Nov. 20XX – Juil. 20XX
Ville, Pays

NOM DE L'ENTREPRISE
Poste occupé
- Donec turpis mauris, auctor vitae sollicitudin in, elementum efficitur tellus.
- Aenean nec turpis tortor. Ut placerat varius vivera vestibulum eu dictum purus.
- Ut lacinia commodo erat id vulputate. Orci varius natoque penatibus et magnis dis parturient montes, nascetur ridiculus mus.

COMPÉTENCES

Gestion du stress | Révision des textes | Travail d'équipe | Xxxxxxxxxxx | Xxxxxxxxxxxxx

MARISSA MAYER

Business Woman & Proud Geek

@ mmayer@yahoo-inc.com % http://marissamayr.tumblr.com/ 📍 Sunnyvale, CA

EXPERIENCE

President & CEO
Yahoo!
📅 July 2012 - Ongoing 📍 Sunnyvale, CA

- Led the $5 billion acquisition of the company with Verizon - the entity which believed most in the immense value Yahoo! has created
- Acquired Tumblr for $1.1 billion and moved the company's blog there
- Built Yahoo's mobile, video and social businesses from nothing in 2011 to $1.6 billion in GAAP revenue in 2015
- Tripled the company's mobile base to over 600 million monthly active users and generated over $1 billion of mobile advertising revenue last year

Vice President of Location & Local Services
Google
📅 Oct 2010 - July 2012 📍 Palo Alto, CA

- Positioned Google Maps as the world leader in mobile maps and navigation
- Oversaw 1000+ engineers and product managers working on Google Maps, Google Places and Google Earth

Vice President of Search Products & UX
Google
📅 2005 - 2010 📍 Palo Alto, CA

Product Manager & Technical UI Lead
Google
📅 Oct 2001 - July 2005 📍 Palo Alto, CA

- Appointed by the founder Larry Page in 2011 to lead the Product Management and User Interaction teams
- Optimized Google's homepage and A/B tested every minor detail to increase usability (incl. spacing between words, color schemes and pixel-by-pixel element alignment)

Product Engineer
Google
📅 23 June 1999 - 2001 📍 Palo Alto, CA

- Joined the company as employee #20 and female employee #1
- Developed targeted advertisement in order to use users' search queries and show them related ads

A DAY OF MY LIFE

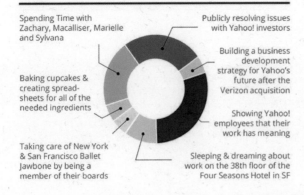

Spending Time with Zachary, Macalliser, Marielle and Sylvana

Publicly resolving issues with Yahoo! investors

Building a business development strategy for Yahoo's future after the Verizon acquisition

Baking cupcakes & creating spread-sheets for all of the needed ingredients

Showing Yahoo! employees that their work has meaning

Taking care of New York & San Francisco Ballet Jawbone by being a member of their boards

Sleeping & dreaming about work on the 38th floor of the Four Seasons Hotel in SF

LIFE PHILOSOPHY

"If you don't have any shadows, you're not standing in the light."

MOST PROUD OF

Courage I had
to take a sinking ship and try to make it float

Persistence & Loyalty
I showed despite the hard moments and my willingness to stay with Yahoo after the acquisition

Google's growth
from a hundred thousand searches per day to over a billion

Inspiring women in tech
Youngest CEO in Fortune's list of 50 most powerful women

STRENGTHS

Hard-working (18/24)   Persuasive

Motivator & Leader

User Experience   Mobile Devices & Applications

Product Management & Marketing

LANGUAGES

English   ●●●●●

Spanish   ●●●●○

German   ●●●○○

EDUCATION

M.S. in Computer Science
Stanford University
📅 Sept 1997 - June 1999

B.S. in Symbolic Systems
Stanford University
📅 Sept 1993 - June 1997

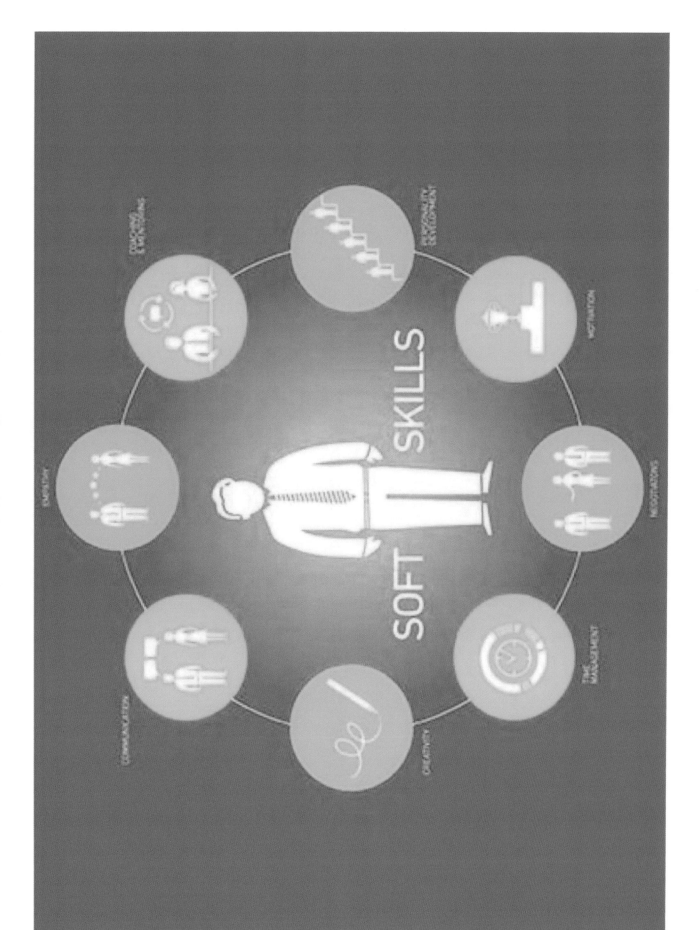

POUR EN SAVOIR PLUS SUR QUATER®

FACEBOOK
https://www.facebook.com/QuaterNice

GOOGLE
https://g.page/ORIENTANice/review?rc

Site Web
www.quater.fr

Et son fondateur : Jean Christophe Aicard

LINKEDIN
https://www.linkedin.com/in/jc-aicard

Printed by Amazon Italia Logistica S.r.l.
Torrazza Piemonte (TO), Italy

53046324R00042